Agricola

PUBLIUS CORNELIUS TACITUS

TABLE OF CONTENTS

DE VITA ET MORIBUS IULII AGRICOLAE   5

TACITI AGRICOLA   25

DE VITA ET MORIBUS IULII AGRICOLAE

I
1. Clarorum virorum facta moresque posteris tradere, antiquitus usitatum, ne nostris quidem temporibus quamquam incuriosa suorum aetas omisit, quotiens magna aliqua ac nobilis virtus vicit ac supergressa est vitium parvis magnisque civitatibus commune, ignorantiam recti et invidiam. 2. Sed apud priores ut agere digna memoratu pronum magisque in aperto erat, ita celeberrimus quisque ingenio ad prodendam virtutis memoriam sine gratia aut ambitione bonae tantum conscientiae pretio ducebantur. 3. Ac plerique suam ipsi vitam narrare fiduciam potius morum quam adrogantiam arbitrati sunt, nec id Rutilio et Scauro citra fidem aut obtrectationi fuit : adeo virtutes isdem temporibus optime aestimantur, quibus facillime gignuntur. 4. At nunc narraturo mihi vitam defuncti hominis venia opus fuit, quam non petissem incusaturus : tam saeva et infesta virtutibus tempora.

II
1. Legimus, cum Aruleno Rustico Paetus Thrasea, Herennio Senecioni Priscus Helvidius laudati essent, capitale fuisse, neque in ipsos modo auctores, sed in libros quoque eorum saevitum, delegato triumviris ministerio ut monumenta clarissimorum ingeniorum in comitio ac foro urerentur. 2. Scilicet illo igne vocem populi Romani et libertatem senatus et conscientiam generis humani aboleri arbitrabantur, expulsis insuper sapientiae professoribus atque omni bona arte in exilium acta, ne quid usquam honestum occurreret. 3. Dedimus profecto grande patientiae documentum; et sicut vetus aetas vidit quid ultimum in libertate esset, ita nos quid in servitute, adempto per inquisitiones etiam loquendi audiendique commercio. 4. Memoriam quoque ipsam cum voce perdidissemus, si tam in

nostra potestate esset oblivisci quam tacere.

III

1. Nunc demum redit animus; et quamquam primo statim beatissimi saeculi ortu Nerva Caesar res olim dissociabilis miscuerit, principatum ac libertatem, augeatque cotidie felicitatem temporum Nerva Traianus, nec spem modo ac votum securitas publica, sed ipsius voti fiduciam ac robur adsumpserit, natura tamen infirmitatis humanae tardiora sunt remedia quam mala ; et ut corpora nostra lente augescunt, cito extinguuntur, sic ingenia studiaque oppresseris facilius quam revocaveris : subit quippe etiam ipsius inertiae dulcedo, et invisa primo desidia postremo amatur. 2. Quid, si per quindecim annos, grande mortalis aevi spatium, multi fortuitis casibus, promptissimus quisque saevitia principis interciderunt, pauci et, ut ita dixerim, non modo aliorum sed etiam nostri superstites sumus, exemptis e media vita tot annis, quibus iuvenes ad senectutem, senes prope ad ipsos exactae aetatis terminos per silentium venimus ? 3. Non tamen pigebit vel incondita ac rudi voce memoriam prioris servitutis ac testimonium praesentium bonorum composuisse. Hic interim liber honori Agricolae soceri mei destinatus, professione pietatis aut laudatus erit aut excusatus.

IV

Gnaeus Iulius Agricola, vetere et inlustri Foroiuliensium colonia ortus, utrumque avum procuratorem Caesarum habuit, quae equestris nobilitas est. Pater illi Iulius Graecinus senatorii ordinis, studio eloquentiae sapientiaeque notus, iisque ipsis virtutibus iram Gai Caesaris meritus: namque Marcum Silanum accusare iussus et, quia abnuerat, interfectus est. Mater Iulia Procilla fuit, rarae castitatis. In huius sinu indulgentiaque educatus per omnem honestarum artium cultum pueritiam adulescentiamque transegit. Arcebat eum ab inlecebris peccantium praeter ipsius bonam integramque naturam, quod statim parvulus sedem ac magistram studiorum Massiliam habuit, locum Graeca comitate et provinciali parsimonia mixtum ac bene compositum. Memoria teneo solitum ipsum narrare se prima in iuventa studium philosophiae acrius, ultra quam concessum Romano ac senatori, hausisse, ni prudentia matris incensum ac flagrantem animum coercuisset. Scilicet sublime et erectum ingenium pulchritudinem ac speciem magnae excelsaeque gloriae vehementius quam caute adpetebat. Mox mitigavit ratio et aetas, retinuitque, quod est difficillimum, ex sapientia modum.

V

Prima castrorum rudimenta in Britannia Suetonio Paulino, diligenti ac moderato duci, adprobavit, electus quem contubernio aestimaret. Nec Agricola licenter, more iuvenum qui militiam in lasciviam vertunt, neque segniter ad voluptates et commeatus titulum tribunatus et inscitiam rettulit: sed noscere provinciam, nosci exercitui, discere a peritis, sequi optimos, nihil adpetere in iactationem, nihil ob formidinem recusare, simulque et anxius et intentus agere. Non sane alias exercitatior magisque in ambiguo Britannia fuit: trucidati veterani, incensae coloniae, intercepti exercitus; tum de salute, mox de victoria certavere. Quae cuncta etsi consiliis ductuque alterius agebantur, ac summa rerum et recuperatae provinciae gloria in ducem cessit, artem et usum et stimulos addidere iuveni, intravitque animum militaris gloriae cupido, ingrata temporibus quibus sinistra erga eminentis interpretatio nec minus periculum ex magna fama quam ex mala.

VI

Hinc ad capessendos magistratus in urbem degressus Domitiam Decidianam, splendidis natalibus ortam, sibi iunxit; idque matrimonium ad maiora nitenti decus ac robur fuit, vixeruntque mira concordia, per mutuam caritatem et in vicem se anteponendo, nisi quod in bona uxore tanto maior laus, quanto in mala plus culpae est. Sors quaesturae provinciam Asiam, pro consule Salvium Titianum dedit, quorum neutro corruptus est, quamquam et provincia dives ac parata peccantibus, et pro consule in omnem aviditatem pronus quantalibet facilitate redempturus esset mutuam dissimulationem mali. Auctus est ibi filia, in subsidium simul ac solacium; nam filium ante sublatum brevi amisit. Mox inter quaesturam ac tribunatum plebis atque ipsum etiam tribunatus annum quiete et otio transiit, gnarus sub Nerone temporum, quibus inertia pro sapientia fuit. Idem praeturae tenor et silentium; nec enim iurisdictio obvenerat. Ludos et inania honoris medio rationis atque abundantiae duxit, uti longe a luxuria ita famae propior. Tum electus a Galba ad dona templorum recognoscenda diligentissima conquisitione effecit, ne cuius alterius sacrilegium res publica quam Neronis sensisset.

VII

Sequens annus gravi vulnere animum domumque eius adflixit. Nam classis Othoniana licenter vaga dum Intimilium (Liguriae pars est) hostiliter populatur, matrem Agricolae in praediis suis interfecit, praediaque ipsa et magnam patrimonii partem diripuit, quae causa caedis fuerat. Igitur ad sollemnia pietatis profectus Agricola, nuntio adfectati a Vespasiano imperii deprehensus ac statim in partis transgressus est. Initia principatus ac statum urbis Mucianus regebat, iuvene admodum Domitiano et ex paterna fortuna tantum licentiam usurpante. Is missum ad dilectus agendos Agricolam integreque ac strenue versatum vicesimae legioni tarde ad sacramentum transgressae praeposuit, ubi decessor seditiose agere narrabatur: quippe legatis quoque consularibus nimia ac formidolosa erat, nec legatus praetorius ad cohibendum potens, incertum suo an militum ingenio. Ita successor simul et ultor electus rarissima moderatione maluit videri invenisse bonos quam fecisse.

VIII

Praeerat tunc Britanniae Vettius Bolanus, placidius quam feroci provincia dignum est. Temperavit Agricola vim suam ardoremque compescuit, ne incresceret, peritus obsequi eruditusque utilia honestis miscere. Brevi deinde Britannia consularem Petilium Cerialem accepit. Habuerunt virtutes spatium exemplorum, sed primo Cerialis labores modo et discrimina, mox et gloriam communicabat: saepe parti exercitus in experimentum, aliquando maioribus copiis ex eventu praefecit. Nec Agricola umquam in suam famam gestis exultavit; ad auctorem ac ducem ut minister fortunam referebat. Ita virtute in obsequendo, verecundia in praedicando extra invidiam nec extra gloriam erat.

IX

Revertentem ab legatione legionis divus Vespasianus inter patricios adscivit; ac deinde provinciae Aquitaniae praeposuit, splendidae inprimis dignitatis administratione ac spe consulatus, cui destinarat. Credunt plerique militaribus ingeniis subtilitatem deesse, quia castrensis iurisdictio secura et obtusior ac plura manu agens calliditatem fori non exerceat: Agricola naturali prudentia, quamvis inter togatos, facile iusteque agebat. Iam vero tempora curarum remissionumque divisa: ubi conventus ac iudicia poscerent, gravis intentus, severus et saepius misericors: ubi officio satis factum, nulla ultra potestatis persona[; tristitiam et adrogantiam et avaritiam exuerat]. Nec illi, quod est rarissimum, aut facilitas auctoritatem aut severitas amorem deminuit. Integritatem atque abstinentiam in tanto viro referre iniuria virtutum fuerit. Ne famam quidem, cui saepe etiam boni indulgent, ostentanda virtute aut per artem quaesivit; procul ab aemulatione adversus collegas, procul a contentione adversus procuratores, et vincere inglorium et atteri sordidum arbitrabatur. Minus triennium in ea legatione detentus ac statim ad spem consulatus revocatus est, comitante opinione Britanniam ei provinciam dari, nullis in hoc ipsius sermonibus, sed quia par videbatur. Haud semper errat fama; aliquando et eligit. Consul egregiae tum spei filiam iuveni mihi despondit ac post consulatum collocavit, et statim Britaniae praepositus est, adiecto pontificatus sacerdotio.

X

Britanniae situm populosque multis scriptoribus memoratos non in comparationem curae ingeniive referam, sed quia tum primum perdomita est. Ita quae priores nondum comperta eloquentia percoluere, rerum fide tradentur. Britannia, insularum quas Romana notitia complectitur maxima, spatio ac caelo in orientem Germaniae, in occidentem Hispaniae obtenditur,

Gallis in meridiem etiam inspicitur; septentrionalia eius, nullis contra terris, vasto atque aperto mari pulsantur. Formam totius Britanniae Livius veterum, Fabius Rusticus recentium eloquentissimi auctores oblongae scutulae vel bipenni adsimulavere. Et est ea facies citra Caledoniam, unde et in universum fama [est]: transgressis inmensum et enorme spatium procurrentium extremo iam litore terrarum velut in cuneum tenuatur. Hanc oram novissimi maris tunc primum Romana classis circumvecta insulam esse Britanniam adfirmavit, ac simul incognitas ad id tempus insulas, quas Orcadas vocant, invenit domuitque. Dispecta est et Thule, quia hactenus iussum, et hiems adpetebat. Sed mare pigrum et grave remigantibus perhibent ne ventis quidem perinde attolli, credo quod rariores terrae montesque, causa ac materia tempestatum, et profunda moles continui maris tardius impellitur. Naturam Oceani atque aestus neque quaerere huius operis est, ac multi rettulere: unum addiderim, nusquam latius dominari mare, multum fluminum huc atque illuc ferre, nec litore tenus adcrescere aut resorberi, sed influere penitus atque ambire, et iugis etiam ac montibus inseri velut in suo.

XI

Ceterum Britanniam qui mortales initio coluerint, indigenae an advecti, ut inter barbaros, parum compertum. Habitus corporum varii atque ex eo argumenta. Namque rutilae Caledoniam habitantium comae, magni artus Germanicam originem adseverant; Silurum colorati vultus, torti plerumque crines et posita contra Hispania Hiberos veteres traiecisse easque sedes occupasse fidem faciunt; proximi Gallis et similes sunt, seu durante originis vi, seu procurrentibus in diversa terris positio caeli corporibus habitum dedit. In universum tamen aestimanti Gallos vicinam insulam occupasse credibile est. Eorum sacra deprehendas ac superstitionum persuasiones; sermo haud multum diversus, in deposcendis periculis eadem audacia et, ubi advenere, in detrectandis eadem formido. Plus tamen ferociae Britanni praeferunt, ut quos nondum longa pax emollierit. Nam Gallos quoque in bellis floruisse accepimus; mox segnitia cum otio intravit, amissa virtute pariter ac libertate. Quod Britannorum olim victis evenit: ceteri manent quales Galli fuerunt.

XII

In pedite robur; quaedam nationes et curru proeliantur. Honestior auriga, clientes propugnant. Olim regibus parebant, nunc per principes factionibus et studiis trahuntur. Nec aliud adversus validissimas gentis pro nobis utilius quam quod in commune non consulunt. Rarus duabus tribusve civitatibus ad propulsandum commune periculum conventus: ita singuli pugnant, universi vincuntur. Caelum crebris imbribus ac nebulis foedum; asperitas frigorum abest. Dierum spatia ultra nostri orbis mensuram; nox clara et extrema Britanniae parte brevis, ut finem atque initium lucis exiguo discrimine internoscas. Quod si nubes non officiant, aspici per noctem solis fulgorem, nec occidere et exurgere, sed transire adfirmant. Scilicet extrema et plana terrarum humili umbra non erigunt tenebras, infraque caelum et sidera nox cadit. Solum praeter oleam vitemque et cetera calidioribus terris oriri sueta patiens frugum pecudumque fecundum: tarde mitescunt, cito proveniunt; eademque utriusque rei causa, multus umor terrarum caelique. Fert Britannia aurum et argentum et alia metalla, pretium victoriae. Gignit et Oceanus margarita, sed subfusca ac liventia. Quidam artem abesse legentibus arbitrantur; nam in rubro mari viva ac spirantia saxis avelli, in Britannia, prout expulsa sint, colligi: ego facilius crediderim naturam margaritis deesse quam nobis avaritiam.

XIII
Ipsi Britanni dilectum ac tributa et iniuncta imperii munia impigre obeunt, si iniuriae absint: has aegre tolerant, iam domiti ut pareant, nondum ut serviant. Igitur primus omnium Romanorum divus Iulius cum exercitu Britanniam ingressus, quamquam prospera pugna terruerit incolas ac litore potitus sit, potest videri ostendisse posteris, non tradidisse. Mox bella civilia et in rem publicam versa principum arma, ac longa oblivio Britanniae etiam in pace: consilium id divus Augustus vocabat, Tiberius praeceptum. Agitasse Gaium Caesarem de intranda Britannia satis constat, ni velox ingenio mobili paenitentiae, et ingentes adversus Germaniam conatus frustra fuissent. Divus Claudius auctor iterati operis, transvectis legionibus auxiliisque et adsumpto in partem rerum Vespasiano, quod initium venturae mox fortunae fuit: domitae gentes, capti reges et monstratus fatis Vespasianus.

XIV
Consularium primus Aulus Plautius praepositus ac subinde Ostorius Scapula, uterque bello egregius: redactaque paulatim in formam provinciae proxima pars Britanniae, addita insuper veteranorum colonia. Quaedam civitates Cogidumno regi donatae (is ad nostram usque memoriam fidissimus mansit), vetere ac iam pridem recepta populi Romani consuetudine, ut haberet instrumenta servitutis et reges. Mox Didius Gallus parta a prioribus continuit, paucis admodum castellis in ulteriora promotis, per quae fama aucti officii quaereretur. Didium Veranius excepit, isque intra annum extinctus est. Suetonius hinc Paulinus biennio prosperas res habuit, subactis nationibus firmatisque praesidiis; quorum fiducia Monam insulam ut vires rebellibus ministrantem adgressus terga occasioni patefecit.

XV
Namque absentia legati remoto metu Britanni agitare inter se mala

servitutis, conferre iniurias et interpretando accendere: nihil profici patientia nisi ut graviora tamquam ex facili tolerantibus imperentur. Singulos sibi olim reges fuisse, nunc binos imponi, e quibus legatus in sanguinem, procurator in bona saeviret. Aeque discordiam praepositorum, aeque concordiam subiectis exitiosam. Alterius manus centuriones, alterius servos vim et contumelias miscere. Nihil iam cupiditati, nihil libidini exceptum. In proelio fortiorem esse qui spoliet: nunc ab ignavis plerumque et imbellibus eripi domos, abstrahi liberos, iniungi dilectus, tamquam mori tantum pro patria nescientibus. Quantulum enim transisse militum, si sese Britanni numerent? Sic Germanias excussisse iugum: et flumine, non Oceano defendi. Sibi patriam coniuges parentes, illis avaritiam et luxuriam causas belli esse. Recessuros, ut divus Iulius recessisset, modo virtutem maiorum suorum aemularentur. Neve proelii unius aut alterius eventu pavescerent: plus impetus felicibus, maiorem constantiam penes miseros esse. Iam Britannorum etiam deos misereri, qui Romanum ducem absentem, qui relegatum in alia insula exercitum detinerent; iam ipsos, quod difficillimum fuerit, deliberare. Porro in eius modi consiliis periculosius esse deprehendi quam audere.

XVI

His atque talibus in vicem instincti, Boudicca generis regii femina duce (neque enim sexum in imperiis discernunt) sumpsere universi bellum; ac sparsos per castella milites consectati, expugnatis praesidiis ipsam coloniam invasere ut sedem servitutis, nec ullum in barbaris [ingeniis] saevitiae genus omisit ira et victoria. Quod nisi Paulinus cognito provinciae motu propere subvenisset, amissa Britannia foret; quam unius proelii fortuna veteri patientiae restituit, tenentibus arma plerisque, quos conscientia defectionis et proprius ex legato timor agitabat, ne quamquam egregius cetera adroganter in deditos et ut suae cuiusque iniuriae ultor durius consuleret. Missus igitur Petronius Turpilianus tamquam exorabilior et delictis hostium novus eoque paenitentiae mitior, compositis prioribus nihil ultra ausus Trebellio Maximo provinciam tradidit. Trebellius segnior et nullis castorum experimentis, comitate quadam curandi provinciam tenuit. Didicere iam barbari quoque ignoscere vitiis blandientibus, et interventus civilium armorum praebuit iustam segnitiae excusationem: sed discordia laboratum, cum adsuetus expeditionibus miles otio lasciviret. Trebellius, fuga ac latebris vitata exercitus ira, indecorus atque humilis precario mox praefuit, ac velut pacta exercitus licentia, ducis salute, [et] seditio sine sanguine stetit. Nec Vettius Bolanus, manentibus adhuc civilibus bellis, agitavit Britanniam disciplina: eadem inertia erga hostis, similis petulantia castrorum, nisi quod innocens Bolanus et nullis delictis invisus caritatem paraverat loco auctoritatis.

XVII

Sed ubi cum cetero orbe Vespasianus et Britanniam recuperavit, magni duces, egregii exercitus, minuta hostium spes. Et terrorem statim intulit Petilius Cerialis, Brigantum civitatem, quae numerosissima provinciae totius perhibetur, adgressus. Multa proelia, et aliquando non incruenta; magnamque Brigantum partem aut victoria amplexus est aut bello. Et Cerialis quidem alterius successoris curam famamque obruisset: subiit sustinuitque molem Iulius Frontinus, vir magnus, quantum licebat, validamque et pugnacem Silurum gentem armis subegit, super virtutem hostium locorum quoque difficultates eluctatus.

XVIII

Hunc Britanniae statum, has bellorum vices media iam aestate transgressus Agricola invenit, cum et milites velut omissa expeditione ad securitatem et hostes ad occasionem verterentur. Ordovicum civitas haud multo ante adventum eius alam in finibus suis agentem prope universam obtriverat, eoque initio erecta provincia. Et quibus bellum volentibus erat, probare exemplum ac recentis legati animum opperiri, cum Agricola, quamquam transvecta aestas, sparsi per provinciam numeri, praesumpta apud militem illius anni quies, tarda et contraria bellum incohaturo, et plerisque custodiri suspecta potius videbatur, ire obviam discrimini statuit; contractisque legionum vexillis et modica auxiliorum manu, quia in aequum degredi Ordovices non audebant, ipse ante agmen, quo ceteris par animus simili periculo esset, erexit aciem. Caesaque prope universa gente, non ignarus instandum famae ac, prout prima cessissent, terrorem ceteris fore, Monam insulam, cuius possessione revocatum Paulinum rebellione totius Britanniae supra memoravi, redigere in potestatem animo intendit. Sed, ut in subitis consiliis, naves deerant: ratio et constantia ducis transvexit. Depositis omnibus sarcinis lectissimos auxiliarium, quibus nota vada et patrius nandi usus, quo simul seque et arma et equos regunt, ita repente inmisit, ut obstupefacti hostes, qui classem, qui navis, qui mare expectabant, nihil arduum aut invictum crediderint sic ad bellum venientibus. Ita petita pace ac dedita insula clarus ac magnus haberi Agricola, quippe cui ingredienti provinciam, quod tempus alii per ostentationem et officiorum ambitum transigunt, labor et periculum placuisset. Nec Agricola prosperitate rerum in vanitatem usus, expeditionem aut victoriam vocabat victos continuisse; ne laureatis quidem gesta prosecutus est, sed ipsa dissimulatione famae famam auxit, aestimantibus quanta futuri spe tam magna tacuisset.

XIX

Ceterum animorum provinciae prudens, simulque doctus per aliena experimenta parum profici armis, si iniuriae sequerentur, causas bellorum statuit excidere. A se suisque orsus primum domum suam coercuit, quod plerisque haud minus arduum est quam provinciam regere. Nihil per libertos servosque publicae rei, non studiis privatis nec ex commendatione aut precibus centurionem militesve adscire, sed optimum quemque fidissimum putare. Omnia scire, non omnia exsequi. Parvis peccatis veniam, magnis severitatem commodare; nec poena semper, sed saepius paenitentia contentus esse; officiis et administrationibus potius non peccaturos praeponere, quam damnare cum peccassent. Frumenti et tributorum exactionem aequalitate munerum mollire, circumcisis quae in quaestum reperta ipso tributo gravius tolerabantur. Namque per ludibrium adsidere clausis horreis et emere ultro frumenta ac luere pretio cogebantur. Divortia itinerum et longinquitas regionum indicebatur, ut civitates proximis hibernis in remota et avia deferrent, donec quod omnibus in promptu erat paucis lucrosum fieret.

XX

Haec primo statim anno comprimendo egregiam famam paci circumdedit, quae vel incuria vel intolerantia priorum haud minus quam bellum timebatur. Sed ubi aestas advenit, contracto exercitu multus in agmine, laudare modestiam, disiectos coercere; loca castris ipse capere, aestuaria ac silvas ipse praetemptare; et nihil interim apud hostis quietum pati, quo minus subitis excursibus popularetur; atque ubi satis terruerat, parcendo rursus invitamenta pacis ostentare. Quibus rebus multae civitates, quae in illum diem ex aequo egerant, datis obsidibus iram posuere et praesidiis castellisque circumdatae, et tanta ratione curaque, ut nulla ante Britanniae nova pars [pariter] inlacessita transierit.

XXI

Sequens hiems saluberrimis consiliis absumpta. Namque ut homines dispersi ac rudes eoque in bella faciles quieti et otio per voluptates adsuescerent, hortari privatim, adiuvare publice, ut templa fora domos extruerent, laudando promptos, castigando segnis: ita honoris aemulatio pro necessitate erat. Iam vero principum filios liberalibus artibus erudire, et ingenia Britannorum studiis Gallorum anteferre, ut qui modo linguam Romanam abnuebant, eloquentiam concupiscerent. Inde etiam habitus nostri honor et frequens toga; paulatimque discessum ad delenimenta vitiorum, porticus et balinea et conviviorum elegantiam. Idque apud imperitos humanitas vocabatur, cum pars servitutis esset.

XXII

Tertius expeditionum annus novas gentis aperuit, vastatis usque ad Tanaum (aestuario nomen est) nationibus. Qua formdine territi hostes quamquam conflictatum saevis tempestatibus exercitum lacessere non ausi; ponendisque insuper castellis spatium fuit. Adnotabant periti non alium ducem opportunitates locorum sapientius legisse. Nullum ab Agricola positum castellum aut vi hostium expugnatum aut pactione ac fuga desertum; nam adversus moras obsidionis annuis copiis firmabantur. Ita intrepida ibi hiems, crebrae eruptiones et sibi quisque praesidio, inritis hostibus eoque desperantibus, quia soliti plerumque damna aestatis hibernis eventibus pensare tum aestate atque hieme iuxta pellebantur. Nec Agricola umquam per alios gesta avidus intercepit: seu centurio seu praefectus incorruptum facti testem habebat. Apud quosdam acerbior in conviciis narrabatur; [et] ut erat comis bonis, ita adversus malos iniucundus. Ceterum ex iracundia nihil supererat secretum, ut silentium eius non timeres: honestius putabat offendere quam odisse.

XXIII

Quarta aestas obtinendis quae percucurrerat insumpta; ac si virtus exercituum et Romani nominis gloria pateretur, inventus in ipsa Britannia terminus. Namque Clota et Bodotria diversi maris aestibus per inmensum revectae, angusto terrarum spatio dirimuntur: quod tum praesidiis firmabatur atque omnis propior sinus tenebatur, summotis velut in aliam insulam hostibus.

XXIV

Quinto expeditionum anno nave prima transgressus ignotas ad id tempus gentis crebris simul ac prosperis proeliis domuit; eamque partem Britanniae quae Hiberniam aspicit copiis instruxit, in spem magis quam ob formidinem, si quidem Hibernia medio inter Britanniam atque Hispaniam sita et Gallico quoque mari opportuna valentissimam imperii partem magnis in vicem usibus miscuerit. Spatium eius, si Britanniae comparetur, angustius nostri maris insulas superat. Solum caelumque et ingenia cultusque hominum haud multum a Britannia differunt; [in] melius aditus portusque per commercia et negotiatores cogniti. Agricola expulsum seditione domestica unum ex regulis gentis exceperat ac specie amicitiae in occasionem retinebat. Saepe ex eo audivi legione una et modicis auxiliis debellari obtinerique Hiberniam posse; idque etiam adversus Britanniam profuturum, si Romana ubique arma et velut e conspectu libertas tolleretur.

XXV

Ceterum aestate, qua sextum officii annum incohabat, amplexus civitates trans Bodotriam sitas, quia motus universarum ultra gentium et infesta hostilis exercitus itinera timebantur, portus classe exploravit; quae ab Agricola primum adsumpta in partem virium sequebatur egregia specie, cum simul terra, simul mari bellum impelleretur, ac saepe isdem castris pedes equesque et nauticus miles mixti copiis et laetitia sua quisque facta, suos casus attollerent, ac modo silvarum ac montium profunda, modo tempestatum ac fluctuum adversa, hinc terra et hostis, hinc victus Oceanus militari iactantia compararentur. Britannos quoque, ut ex captivis audiebatur, visa classis obstupefaciebat, tamquam aperto maris sui secreto ultimum victis perfugium clauderetur. Ad manus et arma conversi Caledoniam incolentes populi magno paratu, maiore fama, uti mos est de ignotis, oppugnare ultro castellum adorti, metum ut provocantes addiderant; regrediendumque citra Bodotriam et cedendum potius quam pellerentur ignavi specie prudentium admonebant, cum interim cognoscit hostis pluribus agminibus inrupturos. Ac ne superante numero et peritia locorum circumiretur, diviso et ipso in tris partes exercitu incessit.

XXVI

Quod ubi cognitum hosti, mutato repente consilio universi nonam legionem ut maxime invalidam nocte adgressi, inter somnum ac trepidationem caesis vigilibus inrupere. Iamque in ipsis castris pugnabatur, cum Agricola iter hostium ab exploratoribus edoctus et vestigiis insecutus, velocissimos equitum peditumque adsultare tergis pugnantium iubet, mox ab universis adici clamorem; et propinqua luce fulsere signa. Ita ancipiti malo territi Britanni; et nonanis rediit animus, ac securi pro salute de gloria certabant. Ultro quin etiam erupere, et fuit atrox in ipsis portarum angustiis proelium, donec pulsi hostes, utroque exercitu certante, his, ut tulisse opem, illis, ne eguisse auxilio viderentur. Quod nisi paludes et silvae fugientis texissent, debellatum illa victoria foret.

XXVII

Cuius conscientia ac fama ferox exercitus nihil virtuti suae invium et penetrandam Caledoniam inveniendumque tandem Britanniae terminum continuo proeliorum cursu fremebant. Atque illi modo cauti ac sapientes prompti post eventum ac magniloqui erant. Iniquissima haec bellorum condicio est: prospera omnes sibi vindicant, adversa uni imputantur. At Britanni non virtute se victos, sed occasione et arte ducis rati, nihil ex adrogantia remittere, quo minus iuventutem armarent, coniuges ac liberos in loca tuta transferrent, coetibus et sacrificiis conspirationem civitatum sancirent. Atque ita inritatis utrimque animis discessum.

XXVIII

Eadem aestate cohors Usiporum per Germanias conscripta et in Britanniam transmissa magnum ac memorabile facinus ausa est. Occiso centurione ac militibus, qui ad tradendam disciplinam inmixti manipulis exemplum et rectores habebantur, tris liburnicas adactis per vim gubernatoribus ascendere; et uno remigante, suspectis duobus eoque interfectis, nondum vulgato rumore ut miraculum praevehebantur. Mox ad aquam atque utilia raptum [ubi adpul]issent, cum plerisque Britannorum sua defensantium proelio congressi ac saepe victores, aliquando pulsi, eo ad extremum inopiae venere, ut infirmissimos suorum, mox sorte ductos vescerentur. Atque ita circumvecti Britanniam, amissis per inscitiam regendi navibus, pro praedonibus habiti, primum a Suebis, mox a Frisiis intercepti sunt. Ac fuere quos per commercia venumdatos et in nostram usque ripam mutatione ementium adductos indicium tanti casus inlustravit.

XXIX

Initio aestatis Agricola domestico vulnere ictus, anno ante natum filium amisit. Quem casum neque ut plerique fortium virorum ambitiose, neque per lamenta rursus ac maerorem muliebriter tulit, et in luctu bellum inter remedia erat. Igitur praemissa classe, quae pluribus locis praedata magnum et incertum terrorem faceret, expedito exercitu, cui ex Britannis fortissimos et longa pace exploratos addiderat, ad montem Graupium pervenit, quem iam hostis insederat. Nam Britanni nihil fracti pugnae prioris eventu et ultionem aut servitium expectantes, tandemque docti commune periculum concordia propulsandum, legationibus et foederibus omnium civitatium vires exciverant. Iamque super triginta milia armatorum aspiciebantur, et adhuc adfluebat omnis iuventus et quibus cruda ac viridis senectus, clari bello et sua quisque decora gestantes, cum inter pluris duces virtute et genere praestans nomine Calgacus apud contractam multitudinem proelium poscentem in hunc modum locutus fertur:

XXX

"Quotiens causas belli et necessitatem nostram intueor, magnus mihi animus est hodiernum diem consensumque vestrum initium libertatis toti Britanniae fore: nam et universi co[i]stis et servitutis expertes, et nullae ultra terrae ac ne mare quidem securum inminente nobis classe Romana. Ita proelium atque arma, quae fortibus honesta, eadem etiam ignavis tutissima sunt. Priores pugnae, quibus adversus Romanos varia fortuna certatum est, spem ac subsidium in nostris manibus habebant, quia nobilissimi totius Britanniae eoque in ipsis penetralibus siti nec ulla servientium litora aspicientes, oculos quoque a contactu dominationis inviolatos habebamus. Nos terrarum ac libertatis extremos recessus ipse ac sinus famae in hunc diem defendit: nunc terminus Britanniae patet, atque omne ignotum pro magnifico est; sed nulla iam ultra gens, nihil nisi fluctus ac saxa, et infestiores Romani, quorum superbiam frustra per obsequium ac modestiam effugias. Raptores orbis, postquam cuncta vastantibus defuere terrae, mare scrutantur: si locuples hostis est, avari, si pauper, ambitiosi, quos non Oriens, non Occidens satiaverit: soli omnium opes atque inopiam pari adfectu concupiscunt. Auferre trucidare rapere falsis nominibus imperium, atque ubi solitudinem faciunt, pacem appellant.

XXXI

"Liberos cuique ac propinquos suos natura carissimos esse voluit: hi per dilectus alibi servituri auferuntur; coniuges sororesque etiam si hostilem libidinem effugerunt, nomine amicorum atque hospitum polluuntur. Bona fortunaeque in tributum, ager atque annus in frumentum, corpora ipsa ac manus silvis ac paludibus emuniendis inter verbera et contumelias conteruntur. Nata servituti mancipia semel veneunt, atque ultro a dominis aluntur: Britannia servitutem suam cotidie emit, cotidie pascit. Ac sicut in familia recentissimus quisque servorum etiam conservis ludibrio est, sic in hoc orbis terrarum vetere famulatu novi nos et viles in excidium petimur; neque enim arva nobis aut metalla aut portus sunt, quibus exercendis reservemur. virtus porro ac ferocia subiectorum ingrata imperantibus; et longinquitas ac secretum ipsum quo tutius, eo suspectius. Ita sublata spe veniae tandem sumite animum, tam quibus salus quam quibus gloria carissima est. Brigantes femina duce exurere coloniam, expugnare castra, ac nisi felicitas in socordiam vertisset, exuere iugum potuere: nos integri et indomiti et in libertatem, non in paenitentiam [bel]laturi; primo statim congressu ostendamus, quos sibi Caledonia viros seposuerit.

XXXII

"An eandem Romanis in bello virtutem quam in pace lasciviam adesse creditis? Nostris illi dissensionibus ac discordiis clari vitia hostium in gloriam exercitus sui vertunt; quem contractum ex diversissimis gentibus ut secundae res tenent, ita adversae dissolvent: nisi si Gallos et Germanos et (pudet dictu) Britannorum plerosque, licet dominationi alienae sanguinem commodent, diutius tamen hostis quam servos, fide et adfectu teneri putatis. Metus ac terror sunt infirma vincla caritatis; quae ubi removeris, qui timere desierint, odisse incipient. Omnia victoriae incitamenta pro nobis sunt: nullae Romanos coniuges accendunt, nulli parentes fugam exprobraturi sunt; aut nulla plerisque patria aut alia est. Paucos numero, trepidos ignorantia, caelum ipsum ac mare et silvas, ignota omnia circumspectantis, clausos quodam modo ac vinctos di nobis tradiderunt. Ne terreat vanus aspectus et auri fulgor atque argenti, quod neque tegit neque vulnerat. In ipsa hostium acie inveniemus nostras manus: adgnoscent Britanni suam causam, recordabuntur Galli priorem libertatem, tam deserent illos ceteri Germani quam nuper Usipi reliquerunt. Nec quicquam ultra formidinis: vacua castella, senum coloniae, inter male parentis et iniuste imperantis aegra municipia et discordantia. Hic dux, hic exercitus: ibi tributa et metalla et ceterae servientium poenae, quas in aeternum perferre aut statim ulcisci in hoc campo est. Proinde ituri in aciem et maiores vestros et posteros cogitate.'

XXXIII

Excepere orationem alacres, ut barbaris moris, fremitu cantuque et clamoribus dissonis. Iamque agmina et armorum fulgores audentissimi cuiusque procursu; simul instruebatur acies, cum Agricola quamquam laetum et vix munimentis coercitum militem accendendum adhuc ratus, ita disseruit: 'septimus annus est, commilitones, ex quo virtute et auspiciis imperii Romani, fide atque opera vestra Britanniam vicistis. Tot expeditionibus, tot proeliis, seu fortitudine adversus hostis seu patientia ac labore paene adversus ipsam rerum naturam opus fuit, neque me militum neque vos ducis paenituit. Ergo egressi, ego veterum legatorum, vos priorum exercituum terminos, finem Britanniae non fama nec rumore, sed castris et armis tenemus: inventa Britannia et subacta. Equidem saepe in agmine, cum vos paludes montesve et flumina fatigarent, fortissimi cuiusque voces audiebam: "quando dabitur hostis, quando in manus [veniet]?" Veniunt, e latebris suis extrusi, et vota virtusque in aperto, omniaque prona victoribus atque eadem victis adversa. Nam ut superasse tantum itineris, evasisse silvas, transisse aestuaria pulchrum ac decorum in frontem, ita fugientibus periculosissima quae hodie prosperrima sunt; neque enim nobis aut locorum eadem notitia aut commeatuum eadem abundantia, sed manus et arma et in his omnia. Quod ad me attinet, iam pridem mihi decretum est neque exercitus neque ducis terga tuta esse. Proinde et honesta mors turpi vita potior, et incolumitas ac decus eodem loco sita sunt; nec inglorium fuerit in ipso terrarum ac naturae fine cecidisse.

XXXIV
"Si novae gentes atque ignota acies constitisset, aliorum exercituum exemplis vos hortarer: nunc vestra decora recensete, vestros oculos interrogate. Hi sunt, quos proximo anno unam legionem furto noctis adgressos clamore debellastis; hi ceterorum Britannorum fugacissimi ideoque tam diu superstites. Quo modo silvas saltusque penetrantibus fortissimum quodque animal contra ruere, pavida et inertia ipso agminis sono pellebantur, sic acerrimi Britannorum iam pridem ceciderunt, reliquus est numerus ignavorum et metuentium. Quos quod tandem invenistis, non restiterunt, sed deprehensi sunt; novissimae res et extremus metus torpore defixere aciem in his vestigiis, in quibus pulchram et spectabilem victoriam ederetis. Transigite cum expeditionibus, imponite quinquaginta annis magnum diem, adprobate rei publicae numquam exercitui imputari potuisse aut moras belli aut causas rebellandi.'

XXXV
Et adloquente adhuc Agricola militum ardor eminebat, et finem orationis ingens alacritas consecuta est, statimque ad arma discursum. Instinctos ruentisque ita disposuit, ut peditum auxilia, quae octo milium erant, mediam aciem firmarent, equitum tria milia cornibus adfunderentur. Legiones pro

vallo stetere, ingens victoriae decus citra Romanum sanguinem bellandi, et auxilium, si pellerentur. Britannorum acies in speciem simul ac terrorem editioribus locis constiterat ita, ut primum agmen in aequo, ceteri per adclive iugum conexi velut insurgerent; media campi covinnarius eques strepitu ac discursu complebat. Tum Agricola superante hostium multitudine veritus, ne in frontem simul et latera suorum pugnaretur, diductis ordinibus, quamquam porrectior acies futura erat et arcessendas plerique legiones admonebant, promptior in spem et firmus adversis, dimisso equo pedes ante vexilla constitit.

XXXVI

Ac primo congressu eminus certabatur; simulque constantia, simul arte Britanni ingentibus gladiis et brevibus caetris missilia nostrorum vitare vel excutere, atque ipsi magnam vim telorum superfundere, donec Agricola quattuor Batavorum cohortis ac Tungrorum duas cohortatus est, ut rem ad mucrones ac manus adducerent; quod et ipsis vetustate militiae exercitatum et hostibus inhabile [parva scuta et enormis gladios gerentibus]; nam Britannorum gladii sine mucrone complexum armorum et in arto pugnam non tolerabant. Igitur ut Batavi miscere ictus, ferire umbonibus, ora fodere, et stratis qui in aequo adstiterant, erigere in collis aciem coepere, ceterae cohortes aemulatione et impetu conisae proximos quosque caedere: ac plerique semineces aut integri festinatione victoriae relinquebantur. Interim equitum turmae, [ut] fugere covinnarii, peditum se proelio miscuere. Et quamquam recentem terrorem intulerant, densis tamen hostium agminibus et inaequalibus locis haerebant; minimeque aequa nostris iam pugnae facies erat, cum aegre clivo instantes simul equorum corporibus impellerentur; ac saepe vagi currus, exterriti sine rectoribus equi, ut quemque formido tulerat, transversos aut obvios incursabant.

XXXVII

Et Britanni, qui adhuc pugnae expertes summa collium insederant et paucitatem nostrorum vacui spernebant, degredi paulatim et circumire terga vincentium coeperant, ni id ipsum veritus Agricola quattuor equitum alas, ad subita belli retentas, venientibus opposuisset, quantoque ferocius adcucurrerant, tanto acrius pulsos in fugam disiecisset. Ita consilium Britannorum in ipsos versum, transvectaeque praecepto ducis a fronte pugnantium alae aversam hostium aciem invasere. Tum vero patentibus locis grande et atrox spectaculum: sequi, vulnerare, capere, atque eosdem oblatis aliis trucidare. Iam hostium, prout cuique ingenium erat, catervae armatorum paucioribus terga praestare, quidam inermes ultro ruere ac se morti offerre. Passim arma et corpora et laceri artus et cruenta humus; et aliquando etiam victis ira virtusque. Nam postquam silvis adpropinquaverunt, primos sequentium incautos collecti et locorum gnari circumveniebant. Quod ni frequens ubique Agricola validas et expeditas cohortis indaginis modo et, sicubi artiora erant, partem equitum dimissis equis, simul rariores silvas equitem persultare iussisset, acceptum aliquod vulnus per nimiam fiduciam foret. Ceterum ubi compositos firmis ordinibus sequi rursus videre, in fugam versi, non agminibus, ut prius, nec alius alium respectantes: rari e vitabundi in vicem longinqua atque avia petiere. Finis sequendi nox et satietas fuit. Caesa hostium ad decem milia: nostrorum trecenti sexaginta cecidere, in quis Aulus Atticus praefectus cohortis, iuvenili ardore et ferocia equi hostibus inlatus.

XXXVIII

Et nox quidem gaudio praedaque laeta victoribus: Britanni palantes mixto virorum mulierumque ploratu trahere vulneratos, vocare integros, deserere domos ac per iram ultro incendere, eligere latebras et statim relinquere; miscere in vicem consilia aliqua, dein separare; aliquando frangi aspectu pignorum suorum, saepius concitari. Satisque constabat saevisse quosdam in coniuges ac liberos, tamquam misererentur. Proximus dies faciem victoriae latius aperuit: vastum ubique silentium, secreti colles, fumantia procul tecta, nemo exploratoribus obvius. Quibus in omnem partem dimissis, ubi incerta fugae vestigia neque usquam conglobari hostis compertum (et exacta iam aestate spargi bellum nequibat), in finis Borestorum exercitum deducit. Ibi acceptis obsidibus, praefecto classis circumvehi Britanniam praecipit. Datae ad id vires, et praecesserat terror. Ipse peditem atque equites lento itinere, quo novarum gentium animi ipsa transitus mora terrerentur, in hibernis locavit. Et simul classis secunda tempestate ac fama Trucculensem portum tenuit, unde proximo Britanniae latere praelecto omni redierat.

XXXIX

Hunc rerum cursum, quamquam nulla verborum iactantia epistulis Agricolae auctum, ut erat Domitiano moris, fronte laetus, pectore anxius excepit. Inerat conscientia derisui fuisse nuper falsum e Germania triumphum, emptis per commercia, quorum habitus et crinis in captivorum speciem formarentur: at nunc veram magnamque victoriam tot milibus hostium caesis ingenti fama celebrari. Id sibi maxime formidolosum, privati hominis nomen supra principem attolli: frustra studia fori et civilium artium decus in silentium acta, si militarem gloriam alius occuparet; cetera utcumque facilius dissimulari, ducis boni imperatoriam virtutem esse. Talibus curis exercitus, quodque saevae cogitationis indicium erat, secreto suo satiatus, optimum in praesentia statuit reponere odium, donec impetus famae et favor exercitus languesceret: nam etiam tum Agricola Britanniam obtinebat.

XL

Igitur triumphalia ornamenta et inlustris statuae honorem et quidquid pro triumpho datur, multo verborum honore cumulata, decerni in senatu iubet addique insuper opinionem, Syriam provinciam Agricolae destinari, vacuam tum morte Atili Rufi consularis et maioribus reservatam. Credidere plerique libertum ex secretioribus ministeriis missum ad Agricolam codicillos, quibus ei Syria dabatur, tulisse, cum eo praecepto ut, si in Britannia foret, traderentur; eumque libertum in ipso freto Oceani obvium Agricolae, ne appellato quidem eo ad Domitianum remeasse, sive verum istud, sive ex ingenio principis fictum ac compositum est. Tradiderat interim Agricola successori suo provinciam quietam tutamque. Ac ne notabilis celebritate et frequentia occurrentium introitus esset, vitato amicorum officio noctu in urbem, noctu in Palatium, ita ut praeceptum erat, venit; exceptusque brevi osculo et nullo sermone turbae servientium inmixtus est. Ceterum uti militare nomen, grave inter otiosos, aliis virtutibus temperaret, tranquillitatem atque otium penitus hausit, cultu modicus, sermone facilis, uno aut altero amicorum comitatus, adeo ut plerique, quibus magnos viros per ambitionem aestimare mos est, viso aspectoque Agricola quaererent famam, pauci interpretarentur.

XLI

Crebro per eos dies apud Domitianum absens accusatus, absens absolutus est. Causa periculi non crimen ullum aut querela laesi cuiusquam, sed infensus virtutibus princeps et gloria viri ac pessimum inimicorum genus, laudantes. Et ea insecuta sunt rei publicae tempora, quae sileri Agricolam non sinerent: tot exercitus in Moesia Daciaque et Germania et Pannonia temeritate aut per ignaviam ducum amissi, tot militares viri cum tot cohortibus expugnati et capti; nec iam de limite imperii et ripa, sed de hibernis legionum et possessione dubitatum. Ita cum damna damnis continuarentur atque omnis annus funeribus et cladibus insigniretur, poscebatur ore vulgi dux Agricola, comparantibus cunctis vigorem, constantiam et expertum bellis animum cum inertia et formidine aliorum. Quibus sermonibus satis constat Domitiani quoque auris verberatas, dum optimus quisque libertorum amore et fide, pessimi malignitate et livore pronum deterioribus principem extimulabant. Sic Agricola simul suis virtutibus, simul vitiis aliorum in ipsam gloriam praeceps agebatur.

XLII

Aderat iam annus, quo proconsulatum Africae et Asiae sortiretur, et occiso Civica nuper nec Agricolae consilium deerat nec Domitiano exemplum. Accessere quidam cogitationum principis periti, qui iturusne esset in provinciam ultro Agricolam interrogarent. Ac primo occultius quietem et otium laudare, mox operam suam in adprobanda excusatione offerre, postremo non iam obscuri suadentes simul terrentesque pertraxere ad Domitianum. Qui paratus simulatione, in adrogantiam compositus, et audiit preces excusantis, et, cum adnuisset, agi sibi gratias passus est, nec erubuit beneficii invidia. Salarium tamen proconsulare solitum offerri et quibusdam a se ipso concessum Agricolae non dedit, sive offensus non petitum, sive ex conscientia, ne quod vetuerat videretur emisse. Proprium humani ingenii est odisse quem laeseris: Domitiani vero natura praeceps in iram, et quo obscurior, eo inrevocabilior, moderatione tamen prudentiaque Agricolae leniebatur, quia non contumacia neque inani iactatione libertatis famam fatumque provocabat. Sciant, quibus moris est inlicita mirari, posse etiam sub malis principibus magnos viros esse, obsequiumque ac modestiam, si industria ac vigor adsint, eo laudis excedere, quo plerique per abrupta, sed in nullum rei publicae usum <nisi> ambitiosa morte inclaruerunt.

XLIII

Finis vitae eius nobis luctuosus, amicis tristis, extraneis etiam ignotisque non sine cura fuit. vulgus quoque et hic aliud agens populus et ventitavere ad domum et per fora et circulos locuti sunt; nec quisquam audita morte Agricolae aut laetatus est aut statim oblitus. Augebat miserationem constans rumor veneno interceptum: nobis nihil comperti, [ut] adfirmare ausim. Ceterum per omnem valetudinem eius crebrius quam ex more principatus per nuntios visentis et libertorum primi et medicorum intimi venere, sive cura illud sive inquisitio erat. Supremo quidem die momenta ipsa deficientis per dispositos cursores nuntiata constabat, nullo credente sic adcelerari quae tristis audiret. Speciem tamen doloris animi vultu prae se tulit, securus iam odii et qui facilius dissimularet gaudium quam metum. Satis constabat lecto testamento Agricolae, quo coheredem optimae uxori et piissimae filiae Domitianum scripsit, laetatum eum velut honore iudicioque. Tam caeca et corrupta mens adsiduis adulationibus erat, ut nesciret a bono patre non scribi heredem nisi malum principem.

XLIV

Natus erat Agricola Gaio Caesare tertium consule idibus Iuniis: excessit quarto et quinquagesimo anno, decimum kalendas Septembris Collega Prisc<in>oque consulibus. Quod si habitum quoque eius posteri noscere velint, decentior quam sublimior fuit; nihil impetus in vultu: gratia oris supererat. Bonum virum facile crederes, magnum libenter. Et ipse quidem, quamquam medio in spatio integrae aetatis ereptus, quantum ad gloriam, longissimum aevum peregit. Quippe et vera bona, quae in virtutibus sita sunt, impleverat, et consulari ac triumphalibus ornamentis praedito quid aliud adstruere fortuna poterat? Opibus nimiis non gaudebat, speciosae [non] contigerant. Filia atque uxore superstitibus potest videri etiam beatus incolumi dignitate, florente fama, salvis adfinitatibus et amicitiis futura effugisse. Nam sicut ei [non licuit] durare in hanc beatissimi saeculi lucem ac principem Traianum videre, quod augurio votisque apud nostras auris ominabatur, ita festinatae mortis grande solacium tulit evasisse postremum illud tempus, quo Domitianus non iam per intervalla ac spiramenta temporum, sed continuo et velut uno ictu rem publicam exhausit.

XLV

Non vidit Agricola obsessam curiam et clausum armis senatum et eadem strage tot consularium caedes, tot nobilissimarum feminarum exilia et fugas. Una adhuc victoria Carus Mettius censebatur, et intra Albanam arcem sententia Messalini strepebat, et Massa Baebius iam tum reus erat: mox nostrae duxere Helvidium in carcerem manus; nos Maurici Rusticique visus [foedavit]; nos innocenti sanguine Senecio perfudit. Nero tamen subtraxit oculos suos iussitque scelera, non spectavit: praecipua sub Domitiano miseriarum pars erat videre et aspici, cum suspiria nostra subscriberentur, cum denotandis tot hominum palloribus sufficeret saevus ille vultus et rubor, quo se contra pudorem muniebat. Tu vero felix, Agricola, non vitae tantum claritate, sed etiam opportunitate mortis. Ut perhibent qui interfuere novissimis sermonibus tuis, constans et libens fatum excepisti, tamquam pro virili portione innocentiam principi donares. Sed mihi filiaeque eius praeter acerbitatem parentis erepti auget maestitiam, quod adsidere valetudini, fovere deficientem, satiari vultu complexuque non contigit. Excepissemus certe mandata vocesque, quas penitus animo figeremus. Noster hic dolor, nostrum vulnus, nobis tam longae absentiae condicione ante quadriennium amissus est. Omnia sine dubio, optime parentum, adsidente amantissima uxore superfuere honori tuo: paucioribus tamen lacrimis comploratus es, et novissima in luce desideravere aliquid oculi tui.

XLVI

Si quis piorum manibus locus, si, ut sapientibus placet, non cum corpore extinguuntur magnae animae, placide quiescas, nosque domum tuam ab infirmo desiderio et muliebribus lamentis ad contemplationem virtutum tuarum voces, quas neque lugeri neque plangi fas est. Admiratione te potius et immortalibus laudibus et, si natura suppeditet, similitudine colamus: is verus honos, ea coniunctissimi cuiusque pietas. Id filiae quoque uxorique praeceperim, sic patris, sic mariti memoriam venerari, ut omnia facta dictaque eius secum revolvant, formamque ac figuram animi magis quam corporis complectantur, non quia intercedendum putem imaginibus quae marmore aut aere finguntur, sed ut vultus hominum, ita simulacra vultus imbecilla ac mortalia sunt, forma mentis aeterna, quam tenere et exprimere non per alienam materiam et artem, sed tuis ipse moribus possis. Quidquid ex Agricola amavimus, quidquid mirati sumus, manet mansurumque est in animis hominum in aeternitate temporum, fama rerum; nam multos veterum velut inglorios et ignobilis oblivio obruit: Agricola posteritati narratus et traditus superstes erit.

TACITI AGRICOLA

Clarorum virorum facta moresque posteris tradere, antiquitus usitatum, ne nostris quidem temporibus quamquam incuriosa suorum aetas omisit, quotiens magna aliqua ac nobilis virtus vicit ac supergressa est vitium parvis magnisque civitatibus commune, ignorantiam recti et invidiam. sed apud priores ut agere digna memoratu pronum magisque

in aperto erat, ita celeberrimus quisque ingenio ad prodendam virtutis memoriam sine gratia aut ambitione bonae tantum conscientiae pretio ducebatur. ac plerique suam ipsi vitam narrare fiduciam potius morum quam arrogantiam arbitrati sunt, nec id Rutilio et Scauro citra fidem aut obtrectationi fuit: adeo virtutes iisdem temporibus optime aestimantur, quibus facillime gignuntur. At nunc narraturo mihi vitam defuncti hominis venia opus fuit; quam non petissem incusaturus tam saeva et infesta virtutibus tempora.

2 Legimus, cum Aruleno Rustico Paetus Thrasea, Herennio Senecioni Priscus Helvidius laudati essent, capitale fuisse. Neque in ipsos modo auctores, sed in libros quoque eorum saevitum, delegato triumviris ministerio, ut monumenta clarissimorum ingeniorum in comitio ac foro urerentur: scilicet illo igne vocem populi Romani et libertatem senatus et conscientiam generis humani aboleri arbitrabantur, expulsis insuper sapientiae professoribus atque omni bona arte in exilium acta, ne quid usquam honestum occurreret. Dedimus profecto grande patientiae documentum ; et sicut vetus aetas vidit quid ultimum in libertate esset, ita nos quid in servitute, adempto per inquisitiones etiam loquendi audiendique commercio. memoriam quoque ipsam cum voce perdidissemus, si tam in nostra potestate esset oblivisci quam tacere.

3Nunc demum redit animus : et quamquam primo statim beatissimi seculi ortu Nerva Caesar res olim dissociabiles miscuerit, principatum ac libertatem, augeatque quotidie felicitatem temporum Nerva Traianus, nec spem modo ac votum securitas publica sed ipsius voti fiduciam ac robur assumserit : natura tamen infirmitatis humanae tardiora sunt remedia quam mala, et ut corpora nostra lente augescunt, cito extinguuntur, sic ingenia studiaque oppresseris facilius quam revocaveris ; subit quippe etiam ipsius inertiae dulcedo et invisa primo desidia postremo amatur. Quid, si per quindecim annos, grande mortalis aevi spatium, multi fortuitis casibus, promptissimus quisque saevitia principis interciderunt? Pauci et, uti dixerim, non modo aliorum sed etiam nostri superstites sumus, exemptis e media vita tot annis, quibus iuvenes ad senectutem, senes prope ad ipsos exactae aetatis terminos per silentium venimus. Non tamen pigebit vel incondita ac rudi voce memoriam prioris servitutis ac testimonium praesentium bonorum composuisse ; hic interim liber honori Agricolae soceri mei destinatus, professione pietatis aut laudatus erit aut excusatus.

4Gnaeus Iulius Agricola, vetere et inlustri Foroiuliensium colonia ortus, utrumque avum procuratorem Caesarum habuit, quae equestris nobilitas est. pater Iulius Graecinus, senatorii ordinis, studio eloquentiae sapientiaeque notus iisque ipsis virtutibus iram Gai Caesaris meritus: namque M. Silanum accusare iussus et, quia abnuerat, interfectus est; mater Iulia Procilla fuit, rarae castitatis. In huius sinu indulgentiaque educatus per omnem honestarum artium cultum pueritiam adulescentiamque transegit. arcebat eum ab illecebris peccantium praeter ipsius bonam integramque naturam, quod statim parvulus sedem ac magistram studiorum Massiliam habuit, locum graeca comitate et provinciali parsimonia mixtum ac bene compositum. memoria teneo solitum ipsum narrare, se prima in iuventa studium philosophiae acrius, ultra quam concessum Romano ac senatori, hausisse, ni prudentia matris incensum ac flagrantem animum coercuisset : scilicet sublime et erectum ingenium pulchritudinem ac speciem magnae excelsaeque gloriae vehementius quam caute adpetebat; mox mitigavit ratio et aetas, retinuitque, quod est difficillimum, ex sapientia modum.

5 Prima castrorum rudimenta in Britannia Suetonio Paulino, diligenti ac moderato duci, approbavit, electus quem contubernio aestimaret. nec Agricola licenter, more iuvenum, qui militiam in lasciviam vertunt, neque segniter ad voluptates et commeatus titulum tribunatus et inscitiam retulit ; sed noscere provinciam, nosci exercitui, discere a peritis, sequi optimos, nihil appetere in iactationem, nihil ob formidinem recusare, simulque et anxius et intentus agere. non sane alias exercitatior magisque in ambiguo Britannia fuit trucidati veterani, incensae coloniae, intercepti exercitus; tum de salute, mox de victoria certavere. quae cuncta etsi consiliis ductuque

alterius agebantur ac summa rerum et recuperatae provinciae gloria in ducem cessit, artem et usum et stimulos addidere iuveni, intravitque animum militaris gloriae cupido, ingrata temporibus, quibus sinistra erga eminentes interpretatio nec minus periculum ex magna fama quam ex mala.

6 Hinc ad capessendos magistratus in urbem degressus Domitiam Decidianam, splendidis natalibus ortam, sibi iunxit; idque matrimonium ad maiora nitenti decus ac robur fuit. vixeruntque mira concordia, per mutuam caritatem et invicem se anteponendo, nisi quod in bona uxore tanto maior laus quanto in mala plus culpae est. Sors quaesturae provinciam Asiam, proconsulm Salvium Titianum dedit ; quorum neutro corruptus est, quamquam et provincia dives ac parata peccantibus et proconsul in omnem aviditatem pronus quantalibet facilitate redempturus esset mutuam dissimulationem mali. Auctus est ibi filia, in subsidium simul et solatium; nam filium ante sublatum brevi amisit. Mox inter quaesturam ac tribunatum plebis atque ipsum etiam tribunatus annum quiete et otio transiit, gnarus sub Nerone temporum, quibus inertia pro sapientia fuit. Idem praeturae tenor et silentium; nec enim iurisdictio obvenerat. ludos et inania honoris medio rationis atque abundantiae duxit, uti longe a luxuria, ita famae propior. Tum electus a Galba ad dona templorum recognoscenda diligentissima conquisitione effecit, ne cuius alterius sacrilegium res publica quam Neronis sensisset.

7 Sequens annus gravi vulnere animum domumque eius afflixit. nam classis Othoniana licenter vaga dum Intemelios (Liguriae pars est) hostiliter populatur, matrem Agricolae in praediis suis interfecit praediaque ipsa et magnam patrimonii partem diripuit, quae causa caedis fuerat. igitur ad sollemnia pietatis profectus Agricola nuntio affectati a Vespasiano imperii deprehensus ac statim in partes transgressus est. Initia principatus ac statum urbis Mucianus regebat, iuvene admodum Domitiano et ex paterna fortuna tantum licentiam usurpante. is missum ad delectus agendos Agricolam integreque ac strenue versatum vicesimae legioni tarde ad sacramentum transgressae praeposuit, ubi decessor seditiose agere narrabatur: quippe legatis quoque consularibus nimia ac formidolosa erat , nec legatus praetorius ad cohibendum potens, incertum suo an militum ingenio. ita successor simul et ultor electus rarissima moderatione maluit videri invenisse bonos quam fecisse. Praeerat tunc Britanniae Vettius Bolanus, placidius quam feroci provincia dignum est. temperavit Agricola vim suam ardoremque compescuit, ne incresceret, peritus obsequi eruditusque utilia honestis miscere. Brevi deinde Britannia consularem Petilium Cerialem accepit. habuerunt virtutes spatium exemplorum, sed primo Cerialis labores modo et discrimina, mox et gloriam communicabat : saepe parti exercitus in experimentum, aliquando maioribus copiis ex eventu praefecit. nec Agricola

umquam in suam famam gestis exsultavit: ad auctorem ac ducem ut minister fortunam referebat. ita virtute in obsequendo , verecundia in praedicando extra invidiam nec extra gloriam erat.

9 Revertentem ab legatione legionis divus Vespasianus inter patricios adscivit; ac deinde provinciae Aquitaniae praeposuit, splendidae inprimis dignitatis administratione ac spe consulatus, cui destinarat. Credunt plerique militaribus ingeniis subtilitatem deesse, quia castrensis iurisdictio secura et obtusior ac plura manu agens calliditatem fori non exerceat: Agricola naturali prudentia, quamvis inter togatos, facile iusteque agebat. Iam vero tempora curarum remissionumque divisa: ubi conventus ac iudicia poscerent, gravis, intentus, severus et saepius misericors; ubi officio satisfactum, nulla ultra potestatis persona; tristitiam et arrogantiam et avaritiam exuerat. nec illi, quod est rarissimum, aut facilitas auctoritatem aut severitas amorem deminuit. integritatem atque abstinentiam in tanto viro referre iniuria virtutum fuerit. ne famam quidem, cui saepe etiam boni indulgent, ostentanda virtute aut per artem quaesivit : procul ab aemulatione adversus collegas, procul a contentione adversus procuratores et vincere inglorium et atteri sordidum arbitrabatur. Minus triennium in ea legatione detentus ac statim ad spem consulatus revocatus est, comitante opinione Britanniam ei provinciam dari, nullis in hoc suis sermonibus, sed quia par videbatur : haud semper errat fama, aliquando et elegit. Consul egregiae tum spei filiam iuveni mihi despondit ac post consulatum collocavit, et statim Britanniae praepositus est, adiecto pontificatus sacerdotio.

10 Britanniae situm populosque multis scriptoribus memo ratos non in comparationem curae ingeniive referam, sed quia tum primum perdomita est: ita quae priores nondum comperta eloquentia percoluere, rerum fide tradentur. Britannia, insularum, quas Romana notitia complectitur, maxima, spatio ac caelo in orientem Germaniae, in occidentem Hispaniae obtenditur, Gallis in meridiem etiam inspicitur; septentrionalia eius nullis contra terris vasto atque aperto mari pulsantur. Formam totius Britanniae Livius veterum, Fabius Rusticus recentium eloquentissimi auctores oblongae scutulae vel bipenni assimilavere , et est ea facies citra Caledoniam, unde et in universum fama est transgressa; sed immensuin et enorme spatium procurrentium extremo iam litore terrarum velut in cuneum tenuatur. hanc oram novissimi maris tunc primum Romana classis circumvecta insulam esse Britanniam affirmavit, ac simul incognitas ad id tempus insulas, quas Orcadas vocant, invenit domuitque. dispecta est et Thyle, quia hactenus iussum, et hiems petebat. sed mare pigrum et grave remigantibus perhibent ne ventis quidem perinde attolli, credo quod rariores terrae montesque, causa ac materia tempestatum, et profunda moles continui maris tardius impellitur. Naturam Oceani atque aestus neque quaerere huius operis est ac

multi retulere: unum addiderim, nusquam latius dominari mare, multum fluminum huc atque illuc ferre, nec litore tenus accrescere aut resorberi, sed influere penitus atque ambire, et iugis etiam ac montibus inseri velut in suo.

11 Ceterum Britanniam qui mortales initio coluerint, indigenae an advecti, ut inter barbaros, parum compertum: habitus corporum varii atque ex eo argumenta. namque rutilae Caledoniam habitantium comae, magni artus Germanicam originem asseverant; Silurum colorati vultus, torti plerumque crines et posita contra Hispania Hiberos veteres traiecisse easque sedes occupasse fidem faciunt; proximi Gallis et similes sunt, seu durante orginis vi, seu procurrentibus in diversa terris positio caeli corporibus habitum dedit. In universum tamen aestimanti Gallos vidnam insulam occupasse credibile est: eorum sacra deprehendas superstitionum persuasione, sermo haud multum diversus, in deposcendis periculis eadem audacia et, ubi advenere, in detrectandis eadem formido; plus tamen ferociae Britanni praeferunt, ut quos nondum longa pax emollierit. nam Gallos quoque in bellis floruisse accepimus; mox segnitia cum otio intravit, amissa virtute pariter ac libertate; quod Britannorum olim victis evenit: ceteri manent quales Galli fuerunt. In pedite robur ; quaedam nationes et curru proeliantur : honestior auriga, clientes propugnant. olim regibus parebant, nunc per principes factionibus et studiis trahuntur. nec aliud adversus validissimas gentes pro nobis utilius, quam quod in commune non consulunt. rarus duabus tribusque civitatibus ad propulsandum commune periculum conventus: ita singuli pugnant, universi vincuntur. Caelum crebris imbribus ac nebulis foedum; asperitas frigorum abest; dierum spatia ultra nostri orbis mensuram; nox clara et extrema Britanniae parte brevis, ut finem atque initium lucis exiguo discrimine internoscas; quod si nubes non officiant, aspici per noctem solis fulgorem nec occidere et exsurgere sed transire adfirmant: scilicet extrema et plana terrarum humili umbra non erigunt tenebras, infraque caelum et sidera nox cadit. Solum praeter oleam vitemque et cetera calidioribus terris oriri sueta patiens frugum, pabuli fecundum : tarde mitescunt, cito proveniunt, eademque utriusque rei causa, multus humor terrarum caelique. Fert Britannia aurum et argentum et alia metalla, pretium victoriae. gignit et occanus margarita, sed subfusca ac liventia. quidam artem abesse legentibus arbitrantur, nam in rubro mari viva ac spirantia saxis avelli, in Britannia, prout expulsa sint, colligi ; ego facilius crediderim, naturam margaritis deesse quam nobis avaritiam.

13 Ipsi Britanni delectum ac tributa et iniuncta imperii munera impigre obeunt, si iniuriae absint: has aegre tolerant, iam domiti ut pareant, nondum ut serviant. Igitur primus omnium Romanorum divus Iulius cum exercitu Britanniam ingressus, quamquam prospera pugna terruerit incolas ac litore potitus sit, potest videri ostendisse posteris, non tradidisse. Mox bella civilia

et in rem publicam versa principum arma, ac longa oblivio Britanniae etiam in pace; consilium id divus Augustus vocabat, Tiberius praeceptum. Agitasse Gaium Caesarem de intranda Britannia satis constat, ni velox ingenio mobili poenitentiae et ingentes adversas Germaniam oonatus frustra fuissent. Divus Claudius auctor iterati operis transvectis legionibus auxiliisque et assumpto in partem rerum Vespasiano, quod initium venturae mox fortunae fuit: domitae gentes, capti reges et monstratus fatis Vespasianus.

14Consularium primus Aulus Plautius praepositus ac subinde Ostorius Scapula, uterque bello egregius, redactaque paulatim in formam provinciae proxima pars Britanniae; addita insuper veteranorum colonia. quaedam civitates Cogidumno regi donatae (is ad nostram usque memoriam fidissimus mansit), vetere ac iam pridem recepta populi Romani consuetudine, ut haberet instrumenta servitutis et reges. mox Didius Gallus parta a prioribus continuit, paucis admodum castellis in ulteriora promotis, per quae fama aucti officii quaereretur. Didium Veranius excepit, isque intra annum exstinctus est. Suetonius hinc Paulinus biennio prosperas res habuit, subaotis nationibus firmatisque praesidiis; quorum fiducia Monam insulam ut vires rebellibus ministrantem aggressus terga occasioni patefecit.

15 Namque absentia legati remoto metu Britanni agitare inter se mala servitutis, conferre iniurias et interpretando accendere: nihil profici patientia, nisi ut graviora tamquam ex facili tolerantibus imperentur; singulos sibi olim reges fuisse, nunc binos imponi, e quibus legatus in sanguinem, procurator in bona saeviret; aeque discordiam praepositorum, aeque concordiam subiectis exitiosam; alterius manus centuriones, alterius servos vim et contumelias miscere; nihil iam cupiditati, nihil libidini exceptum. In proelio fortiorem esse, qui spoliet, nunc ab ignavis plerumque et imbellibus eripi domos, abstrahi liberos, iniungi delectus, tamquam mori tantum pro patria nescientibus ; quantulum enim transisse militum, si sese Britanni numerent? Sic Germanias excussisse iugum, et flumine, non Oceano defendi; sibi patriam coniuges parentes, illis avaritiam et luxuriam causas belli esse; recessuros, ut divus Iulius recessisset, modo virtutem maiorum suorum aemularentur; neve proelii unius aut alterius eventu pavescerent: plus illis impetus, maiorem constantiam penes miseros esse; iam Britannorum etiam deos misereri, qui Romanum ducem absentem, qui relegatum in alia insula exercitum detinerent; iam ipsos, quod difficillimum fuerit, deliberare; porro in eius modi consiliis periculosius esse deprehendi quam audere.

16 His atque talibus in vicem instincti, Boudicca generis regii femina duce (neque enim sexum in imperiis discernunt) sumpsere universi bellum;

ac sparsos per castella milites consectati expugnatis praesidiis ipsam coloniam invasere ut sedem servitutis, nec ullum in barbaris saevitiae genus omisit ira et victoria. Quod nisi Paulinus cognito provinciae motu propere subvenisset, amissa Britannia foret; quam unius proelii fortuna veteri patientiae restituit, tenentibus arma plerisque, quos conscientia defectionis et proprius ex legato timor agitabat, ne, quamquam egregius cetera, arroganter in deditos et ut suae cuiusque iniuriae ultor durius consuleret. Missus igitur Petronius Turpilianus tamquam exorabilior et delictis hostium novus eoque poenitentiae mitior compositis prioribus nihil ultra ausus Trebellio Maximo provinciam tradidit. Trebellius segnior et nullis castrorum experimentis comitate quadam curandi provinciam tenuit. didicere iam barbari quoque ignoscere vitiis blandientibus, et interventus civilium armorum praebuit iustam segnitiae excusationem; sed discordia laboratum, cum assuetus expeditionibus miles otio lasciviret. Trebellius, fuga ac latebris vitata exercitus ira indecorus atque humilis, precario mox praefuit; ac velut pacti, exercitus licentiam, dux salutem, et seditio sine sanguine stetit. nec Vettius Bolanus, manentibus adhuc civilibus bellis, agitavit Britanniam disciplina: eadem inertia erga hostes, similis petulantia castrorum, nisi quod innocens Bolanus et nullis delictis invisus caritatem paraverat loco auctoritatis.

17 Sed ubi cum cetero orbe Vespasianus et Britanniam recuperavit, magni duces, egregii exercitus, minuta hostium spes. et terrorem statim intulit Petilius Cerialis, Brigantum civitatem, quae numerosissima provinciae totius perhibetur, aggressus: multa proelia, et aliquando non incruenta, magnamque Brigantum partem aut victoria amplexus est aut bello. et Cerialis quidem alterius successoris curam famamque obruisset: sed sustinuit molem Iulius Frontinus, vir magnus quantum licebat, validamque et pugnacem Silurum gentem armis subegit, super virtutem hostium locorum quoque difficultates eluctatus.

18 Hunc Britanniae statum, has bellorum vices media iam aestate transgressus Agricola invenit, cum et milites velut omissa expeditione ad securitatem et hostes ad occasionem verterentur. Ordovicum civitas haud multo ante adventum eius alam in finibus suis agentem prope universam obtriverat, eoque initio erecta provincia, et quibus bellum volentibus erat, probare exemplum ac recentis legati animum opperiri: cum Agricola, quamquam transvecta aestas, sparsi per provinciam numeri, praesumpta apud militem illius anni quies, tarda et contraria bellum inchoaturo, et plerisque custodiri suspecta potius videbatur, ire obviam discrimini statuit; contractisque legionum vexillis et modica auxiliorum manu, quia in aequum degredi Ordovices non audebant, ipse ante agmen, quo ceteris par animus simili periculo esset, erexit aciem; caesaque prope universa gente, non

ignarus instandum famae ac, prout prima cessissent, terrorem ceteris fore, Monam insulam, cuius possessione revocatum Paulinum rebellione totius Britanniae supra memoravi, redigere in potestatem animo intendit. Sed ut in dubiis consiliis naves deerant; ratio et constantia ducis

in vanitatem usus, expeditionem aut victoriam vocabat victos continuisse; ne laureatis quidem gesta prosecutus est; sed ipsa dissimulatione famae famam auxit aestimantibus quanta futuri spe tam magna tacuisset. Ceterum animorum provinciae prudens, simulque doctus per aliena experimenta parum profici armis, si iniuriae sequerentur, causas bellorum statuit excidere. a se suisque orsus primam domum suam coercuit, quod plerisque haud minus arduum est quam provinciam regere; nihil per libertos servosque publicae rei; non studiis privatis nec ex commendatione aut precibus centuriones militesve ascire, sed optimum quemque fidissimum putare; omnia scire, non omnia exsequi; parvis peccatis veniam, magnis severitatem commodare; nec poena semper, sed saepius poenitentia contentus esse; officiis et administrationibus potius non peccaturos praeponere, quam damnare cum peccassent; frumenti et tributorum exactionem aequalitate munerum mollire, circumcisis quae in quaestum 15 reperta ipso tributo gravius tolerabantur. namque per ludibrium assidere clausis horreis et emere ultro frumenta ac recludere pretio cogebantur; divortia itinerum et longinquitas regionum indicebatur, ut civitates proximis hibernis in remota et avia deferrent, dooec quod omnibus in promptu erat, paucis iucrosum fieret.

20 Haec primo statim anno comprimendo egregiam famam paci circumdedit, quae vel incuria vel intolerantia priorum haud minus quam bellum timebatur. Sed ubi aestas ad venit, contracto exercitu multus in agmine laudare modestiam, disiectos coercere; loca castris ipse capere; aestuaria ac silvas ipse praetemptare ; et nihil interim apud hostis quietum pati, quo minus subitis excursibus popularetur; atque ubi satis terruerat, parcendo rursus invitamenta pacis ostentare. quibus rebus multae civitates, quae in illum diem ex aequo egerant, datis obsidibus iram posuere et praesidiis castellisque circumdatae, et tanta ratione curaque. ut nulla ante Britanniae nova pars pariter illacessita transierit.

21 Sequens hiems saluberrimis consiliis absumpta. namque ut homines dispersi ac rudes eoque in bella fadles quieti et otio per voluptates assuescerent, hortari privatim, adiuvare publice, ut templa fora domos exstruerent, laudando promptos et castigando segnes : ita honoris aemulatio pro necessitate erat. iam vero principum filios liberalibus artibus erudire et ingenia Britannorum studiis Gallorum anteferre, ut qui modo linguam Romanam abnuebant, eloquentiam quentiam concupiscerent. inde etiam

habitus nostri honor et frequens toga; paulatimque discessum ad delenimenta vitiorum, porticus et balinea et conviviorum elegantiam, idque apud imperitos humanitas vocabatur, cum pars servitutis esset.

22 Tertius expeditionum annus novas gentes aperuit, vastatis usque ad Tanaum (aestuario nomen est) nationibus. qua formidine territi hostes quamquam conflictatum saevis tempestatibus exercitum lacessere non ausi; ponendisque insuper castellis spatium fuit. annotabant periti, non alium ducem opportunitates locorum sapientius legisse; nullum ab Agricola positum castellum aut vi hostium expugnatum aut pactione ac fuga desertum; crebrae eruptiones; nam adversus moras obsidionis annuis copiis firmabantur. ita intre- pida ibi hiems et sibi quisque praesidio, irritis hostibus eoque desperantibus, quia soliti plerumque damna aestatis hibernis eventibus pensare tum aestate atque hieme iuxta pellebantur. Nec Agricola umquam per alios gesta avidus intercepit: seu centurio seu praefectus incorruptum facti testem habebat. apud quosdam acerbior iu conviciis narrabatur, et erat ut comis bonis, ita adversus malos iniucundus, ceterum ex iracundia nihil supererat: secretum et silentium eius non timeres; honestius putabat offendere quam odisse.

23 Quarta aestas obtinendis, quae percucurrerat, insumpta ; ac si virtus exercituum et Romani nominis gloria pateretur, inventus in ipsa Britannia terminus. namque Clota et Bodotria, diversi maris aestibus per inmensum revectae, angusto terrarum spatio dirimuntur, quod tum praesidiis firmabatur; atque omnis propior sinus tenebatur, summotis velut in aliam insulam hostibus.

24 Quinto expeditionum anno vere primo transgressus ignotas ad id tempus gentes crebris simul ac prosperis proeliis domuit, eamque partem Britanniae, quae Hiberniam aspicit, copiis instruxit, in spem magis quam ob formidinem, siquidem Hibernia medio inter Britanniam atque Hispaniam sita et Gallico quoque mari opportuna valentissimam imperii partem magnis in vicem usibus miscuerit. Spatium eius, si Britanniae comparetur, angustius, nostri maris insulas superat; solum caelumque et ingenia cultusque hominum haud multum a Britannia differt in melius: aditus portusque per commercia et negotiatores cogniti. Agricola expulsum seditione domestica unum ex regulis gentis exceperat ac specie amicitiae in occasionem retinebat. saepe ex eo audivi, legione una et modicis auxiliis debellari obtinerique Hiberniam posse, idque etiam adversus Britanniam profuturum, si Romana ubique arma et velut e conspectu libertas tolleretur.

25 Ceterum aestate, qua sextum officii annum inchoabat, amplexus civitates trans Bodotriam sitas, quia motus universarum ultra gentium et

infesta hostilis exercitus itinera timebat, portus classe exploravit; quae ab Agricola primum assumpta in partem virium sequebatur egregia specie, cum simul terra simul mari bellum impelleretur, ac saepe isdem castris pedes equesque et nauticus miles mixti copiis et laetitia sua quisque facta, suos casus attollerent, ac modo silvarum ac montium profunda, modo tempestatum ac fluctuum adversa, hinc terra et hostis, hinc victus Oceanus militari iactantia compararentur. Britannos quoque, ut ex captivis audiebatur, visa classis obstupefaciebat, tamquam aperto maris sui secreto ultimum victis perfugium clauderetur. Ad manus et arma conversi Caledoniam incolentes populi paratu magno, maiore fama, uti mos est de ignotis, oppugnare ultro castella adorti metum ut provocantes addiderant; regrediendumque citra Bodotriam et excedendum potius, quam pellerentur, ignavi specie prudentium admonebant, cum interim cognoscit hostes pluribus agminibus irrupturos ; ac ne superante numero et peritia locorum circumiretur, diviso et ipse in tres partes exercitu incessit.

26 Quod ubi cognitum hosti, mutato repente consilio universi nonam legionem ut maxime invalidam nocte aggressi, inter somnum ac trepidationem caesis vigilibus irrupere, iamque in ipsis castris pugnabatur: cum Agricola, iter hostium ab exploratoribus edoctus et vestigiis insecutus, velocissimos equitum peditumque assultare tergis pugnantium iubet, mox ab universis adiici clamorem ; et propinqua luce fulsere signa. Ita ancipiti malo territi Britanni, et Romanis redit animus, ac securi pro salute de gloria certabant. ultro quin etiam erupere, et fuit atrox in ipsis portarum angustiis proelium, donec pulsi hostes, utroque exercitu certante, his, ut tulisse opem, illis, ne eguisse auxilio viderentur. Quod nisi paludes et silvae fugientes texissent, debellatum illa victoria foret. Cuius conscientia ac fama ferox exercitus nihil virtuti suae invium et penetrandam Caledoniam inveniendumque tandem Britanniae terminum continuo proeliorum cursu fremebant, atque illi modo cauti ac sapientes prompti post eventum ac magniloqui erant. Iniquissima haec bellorum condicio est: prospera omnes sibi vindicant, adversa uni imputantur. At Britanni non virtute sed occasione et arte elusos rati, nihil ex arrogantia remittere, quo minus iuventutem armarent, coniuges ac liberos in loca tuta transferrent, coetibus ac sacrificiis conspirationem civitatium sanctirent; atque ita irritatis utrimque animis discessum.

28 Eadem aestate cohors Usiporum per Germanias con scripta et in Britanniam transmissa magnum ac memorabile facinus ausa est. Occiso centurione ac militibus, qui ad tradendam disciplinam immixti manipulis exemplum et rectores habebantur, tres liburnicas adactis per vim gubernatoribus ascendere ; et uno remigante, suspectis duobus eoque interfectis, nondum vulgato rumore ut miraculum praevehebantur. mox ad

aquam atque utilia rapienda cum plerisque que Britannorum sua defensantium proelio congressi ac saepe victores, aliquando pulsi, eo ad extremum inopiae venere, ut infinnissimos suorum, mox sorte ductos vescerentur. Atque ita circumvecti Britanniam, amissis per inscitiam regendi navibus, pro praedonibus habiti, primum a Suebis, mox a Frisiis intercepti sunt; ac fuere, quos per commercia venumdatos et in nostram usque ripam mutatione ementium adductos indicium tanti casus illustravit.

29 Initio aestatis Agricola domestico vulnere ictus anno ante natum filium amisit, quem casum neque ut plerique fortium virorum ambitiose neque per lamenta rursus ac maerorem muliebriter tulit; et in luctu bellum inter remedia erat. Igitur praemissa classe, quae pluribus locis praedata magnum et incertum terrorem faceret, expedito exercitu, cui ex Britannis fortissimos et longa pace exploratos addiderat, ad montem Graupium pervenit, quem iam hostis insederat. Nam Britanni nihil fracti pugnae prioris eventu ip et ultionem aut servitium expectantes, tandemque docti, commune periculum concordia propulsandum, legationibus et foederibus omnium civitatium vires exciverant. iamque super triginta milia armatorum aspiciebantur, et adhuc affluebat omnis iuventus et quibus cruda ac viridis senectus, dari bello et sua quisque decora gestantes : cum inter plures duces virtute et genere praestans nomine Calgacus apud contractam multitudinem proelium poscentem in hunc modum locutus fertur: Quotiens causas belli et necessitatem nostram intueor, magnus mihi animus est, hodiernum diem consensumque vestrum initium libertatis toti Britanniae fore; nam et universi servitutis expertes et nullae ultra terrae ac ne mare quidem securum imminente nobis classe Romana. Ita proelium atque arma, quae fortibus honesta, eadem etiam ignavis tutissima sunt. Priores pugnae, quibus adversus Romanos varia fortuna certatum est, spem ac subsidium in nostris manibus habebant, quia nobilissimi totius Britanniae, eoque in ipsis penetralibus siti nec servientium litora aspicientes, oculos quoque a contactu dominationis inviolatos habebamus. nos terrarum ac libertatis extremos recessus ipse ac sinus famae in hunc diem defendit: nunc terminus Britanniae patet, atque omne ignotum pro magnifico est ; sed nulla iam ultra gens, nihil nisi fluctus et saxa et infestiores Romani, quorum superbiam frustra per obsequium ac modestiam effugeris. raptores orbis, postquam cuncta vastantibus defuere terrae, iam et mare scrutantur: si locuples hostis est, avari, si pauper, ambitiosi, quos non oriens, non occidens satiaverit; soli omnium opes atque inopiam pari affectu concupiscunt. auferre trucidare rapere falsis nominibus imperium, atque ubi solitudinem faciunt, pacem appellant.

31 Liberos cuique ac propinquos suos natura carissimos esse voluit: hi per delectus alibi servituri auferuntur; coniuges sororesque, etiamsi hostilem

libidinem effugiant, nomine amicorum atque hospitum polluuntur. Bona fortunaeque in tributum, ager et annus in frumentum, corpora ipsa ac manus silvis ac paludibus emuniendis inter verbera ac contumelias conteruntur. Nata servituti mancipia

semel veneunt atque ultro a dominis aluntur: Britannia servitutem suam quotidie emit, quotidie pascit. ac sicut in familia recentissimus quisque servorum etiam conservis ludibrio est, sic in hoc orbis terrarum vetere famulatu novi nos et viles in excidium petimur; neque enim arva nobis aut metalla aut portus sunt, quibus exercendis reservemur. Virtus porro ac ferocia subiectorum ingrata imperantibus; et longinquitas ac secretum ipsum quo tutius, eo suspectius. Ita sublata spe veniae tandem sumite animum, tam quibus salus quam quibus gloria carissima est. Brigantes femina duce exurere coloniam, expugnare castra, ac nisi felicitas in socordiam vertisset, exuere iugum potuere: nos integri et indomiti et iu libertatem, non in poenitentiam bellaturis primo statim congressu ostendamus, quos sibi Caledonia viros seposuerit.

32 An eandem Bomanis in bello virtutem quam in pace laseiviam adesse creditis? Nostris illi dissensionibus ac discordiis clari vitia hostium in gloriam exercitus sui vertunt, quem contractum ex diversissimis gentibus ut secundae res tenent, ita adversae dissolvent; nisi si Gallos et Germanos et (pudet dictu) Britannorum plerosque, licet dominationi alienae sanguinem commodent, diutius tamen hostes quam servos, fide et affectu teneri putatis. metus ac terror est, infirma vincla caritatis; quae ubi removeris, qui timere desierint, odisse incipient. Omnia victoriae incitamenta pro nobis sunt: nuUae Bomanos coniuges accendunt, nulli parentes fugam exprobraturi sunt; aut nulla plerisque patria aut alia est. paucos numero, trepidos ignorantia, caelum ipsum ac mare et silvas, ignota omnia circumspectantes , clausos quodam modo ac vinctos di nobis tradiderunt. ne terreat vanus aspectus et auri fulgor atque argenti, quod nec tegit nec vulnerat. in ipsa hostium acie inveniemus nostras manus: agnoscent Britanni suam causam, recordabuntur Galli priorem libertatem; deserent illos ceteri Germani, tamquam nuper Usipi reliquerunt. nec quicquam ultra formidinis: vacua castella, senum coloniae, inter male parentes et iniuste imperantes aegra municipia et discordantia. Hic dux, hic exercitus: ibi tributa et metalla et ceterae servientium poenae, quas in aeternum perferre aut statim ulcisci in hoc campo est. Proinde ituri in aciem et maiores vestros et posteros cogitate".

33 Excepere orationem alacres, ut barbaris moris, cantu fremituque et clamoribus dissonis. Iamque agmina et armorum fulgores audentissimi cuiusque procursu; simul instruebatur acies: cum Agricola quamquam

laetum et vix munimentis coercitum militem accendendum adhuc ratus, ita disseruit : „Septimus annus est, commilitones, ex quo virtute et auspiciis imperii Romani, fide atque opera nostra Britanniam vicistis : tot expeditionibus, tot proeliis, seu fortitudine adversus hostes seu patientia ac labore paene adversus ipsam rerum naturam opus fuit, neque me militum neque vos ducis poenituit. Ergo egressi, ego veterum legatorum, vos priorum exercituum terminos, finem Britanniae non fama nec rumore sed castris et armis tenemus : inventa Britannia et subacta. Equidem saepe in agmine, cum vos paludes montesve et flumina fatigarent, fortissimi cuiusque voces audiebam „quando dabitur hostis, quando acies?" veniunt, e latebris suis extrusi, et vota virtusque in aperto, omniaque prona victoribus atque eadem victis adversa; nam ut superasse tantum itineris, silvas evasisse, transisse aestuaria pulchrum ac decorum in frontem, item fugientibus periculosissima, quae hodie prosperrima sunt ; neque enim nobis aut locorum eadem notitia aut commeatuum eadem abundantia, sed manus et arma et in his omnia. Quod ad me attinet, iam pridem mihi decretum est, neque exercitus neque ducis terga tuta esse: proinde et honesta mors turpi vita potior, et incolumitas ac decus eodem loco sita sunt; nec inglorium fuerit in ipso terrarum ac naturae fine cecidisse.

34 Si novae gentes atque ignota acies constitisset, aliorum exercituum exemplis vos hortarer; nunc vestra decora recensete, vestros oculos interrogate. Hi sunt, quos proximo anno unam legionem furto noctis aggressos clamore debellastis; hi ceterorum Britannorum fugacissimi ideoque tam diu superstites; quomodo silvas saltusque penetrantibus fortissimum quodque animal contra ruere, pavida et inertia ipso agminis sono pellebantur, sic acerrimi Britannorum iam pridem ceciderunt, reliquus est numerus ignavorum et metuentium. Quos quod tandem invenistis, non restiterunt, sed deprehensi sunt ; novissimi nimirum et extremo metu torpidi defixere aciem in his vestigiis, in qaibus pulchram et spectabilem victoriam ederetis. Transigite cum expeditionibus, imponite quinquaginta annis magnum diem, approbate rei publicae, numquam exercitui imputari potuisse aut moras belli aut causas rebellandi."

35 Et alloquente adhuc Agricola militum ardor eminebat et finem orationis ingens alacritas consecuta est, statimque ad arma discursum. Instinctos ruentesque ita disposuit, ut peditum auxilia, quae octo milium erant, mediam aciem firmarent, equitum tria milia cornibus affunderentur. legiones pro vallo stetere, iugens victoriae decus citra Romanum sanguinem bellandi et auxilium, si pellerentur. Britannorum acies in speciem simul ac terrorem editioribus locis constiterat ita, ut primum agmen in aequo, ceteri per acclive iugum connexi velut insurgerent; media campi covinnarius eques strepitu ac discursu complebat. Tum Agricola superante hostium

multitudine veritus, ne in frontem simul et latera suorum pugnaretur, diductis ordinibus, quamquam porrectior acies futura erat et arcessendas plerique legiones admonebant, promptior in spem et firmus adversis, dimisso equb pedes ante vexilla constitit.

36 Ac primo congressu eminus certabatur ; simulque constantia, simul arte Britanni ingentibus gladiis et brevibus caetris missilia nostrorum vitare vel excutere atque ipsi magnam vim telorum superfundere : donec Agricola Batavorum cohortes ac Tungrorum duas cohortatus est, ut rem ad mucrones ac manus adducerent; quod et ipsis vetustate militiae exercitatum et hostibus inhabile [parva scuta et enormes gladios gerentibus]; nam

Britannorum gladii sine mucrone complexum armorum et in arto pugnam non tolerabant. Igitur ut Batavi miscere ictus, ferire umbonibus, ora fodere et stratis, qui in aequo adstiterant, erigere in coUes aciem coepere, ceterae cohortes aemulatione et impetu connisae proximos quosque caedere; ac plerique semineces aut integri festinatione victoriae relinquebantur. Interim equitum turmae, ut fugere covinnarii, peditum se proelio miscuere, et quamquam recentem terrorem

rem intulerant, densis tamen hostium agminibus et inaequa- libus locis haerebant; minimeque equestris eorum pugnae facies erat, cum in gcadtf stantes simul equorum corporibus

impellerentur ; ac saepe vagi currus, exterriti sine rectoribus equi, ut quemque formido tulerat, transversos aut obvios incursabant.

37 Et Britanni, qui adhuc pugnae expertes summa collium insederant et paucitatem nostrorum yacui spemebant, degredi paulatim et circumire terga yincentium coeperant, ni id ipsum veritus Agricola quatuor equitum alas, ad subita belli retentas, venientibus opposuisset. quantoque ferocius accucurrerant, tanto acrius pulsos in fugam disiedsset. ita consilium Britannorum in ipsos versum, transvectaeque praecepto ducis a fronte pugnantium alae aversam hostium aciem invasere. Tum vero patentibus locis grande et atrox spectaculum : sequi, vulnerare, capere atque eosdem oblatis aliis trucidare; iam hostium, prout cuique ingenium erat, catervae armatorum paucioribus terga praestare, quidam inermes ultro ruere ac se morti offerre ; passim arma et corpora et laceri artus et cruenta humus; et aliquando etiam victis ira virtusque. Postquam silvis appropinquaverunt

identidem primos sequentium incautos collecti et locorum gnari circumveniebant. quod ni frequens ubique Agricola validas et expeditas cohortes indaginis modo et sicubi artiora erant, partem equitum dimissis equis, simul rariores silvas equitem persultare iussisset, acceptum aliquod vulnus per nimiam fiduciam foret. ceterum ubi compositos firmis ordinibus sequi rursus videre, in fugam versi, non agminibus, ut prius, nec alius alium respectantes, rari et vitabundi invicem longinqua atque avia petiere.

Finis sequendi nox et satietas fdt. caesa hostium ad decem milia. nostrorum trecenti sexaginta cecidere, in quis Aulus Atticus praefectus cohortis, iuvenili ardore et ferocia equi hostibus illatus.

Et nox quidem gaudio praedaque laeta victoribus: Britanni palantes mixtoque virorum mulierumque ploratu trahere vulneratos, vocare integros, Aeserere domos ac per iram ultro incendere, eligere latebras et statim relinquere ; miscere in vicem consilia , deinde separare; aliquando frangi aspectu pignorum suorum, saepius concitari. satisque constabat saevisse quosdam in coniuges ac liberos, tamquam misererentur. Proximus dies faciem

victoriae latius aperuit: vastum ubique silentium, deserti colles, fumantia procul teeta, uemo exploratoribus obvius. Quibus in omnem partem dimissis, ubi incerta fugae vestigia neque usquam conglobari hostes compertum et exacta iam aestate spargi bellum nequibat, in fines Borestorum exerdtum deducit. Ibi acceptis obsidibus praefecto classis circumvehi Britanniam praecipit: datae ad id vires, et praecesserat terror. ipse peditem atque equites lento itinere, quo novarum gentium animi ipsa transitus mora terrerentur, in hibernis locavit. et simul classis secunda tempestate ac fama Trucculensem portum tenuit, unde proximo Britanniae latere lecto omni redierat.

Hunc rerum cursum, quamquam nulla verborum iactantia epistulis Agricolae auctum, ut Domitiano moris erat,

fronte laetus, pectore anxius excepit. Inerat conscientia, derisui fuisse nuper falsum e Germania triumphum, emptis per Gommercia, quorum habitus et crines in captivorum speciem formarentur: at nunc veram magnamque victoriam tot milibus hostium caesis ingenti fama celebrari; id sibi maxime formidolosum , privati hominis nomen supra principis attolli; frustra studia fori et civilium artium decus in silentium acta, si militarem gloriam alius occuparet; et cetera utcumque facilius dissimulari, ducis boni imperatoriam virtutem esse. Talibus curis exercitus, quodque saevae cogitationis indicium erat, secreto suo satiatus, optimum in praesentia statuit reponere odium, donec impetus famae et favor exercitus languesceret ; nam etiam tum Agricola Bri-

tanniam obtinebat.

40 Igitur triumphalia ornamenta et illustris statuae honorem et quidquid pro triumpho datur, multo verborum honore cumulata, decerni in senatu iubet addique insuper opinionem, Syriam provinciam Agricolae destinari, vacuam tum morte Atilii Rufi consularis et maioribus reservatam. Credidere plerique libertum ex secretioribus ministeriis missum ad Agricolam codicillos, quibus ei Syria dabatur, tulisse cum praecepto, ut, si in Britannia foret, traderentur, eumque libertum in ipso freto Oceani obvium Agricolae ne appellato quidem eo ad Domitianum remeasse, sive verum istud sive ex ingenio principis fictum ac compositum est. Tradiderat interim Agricola successori suo provinciam quietam tutamque, ac ne notabilis celebritate et

frequentia occurrentium introitus esset, vitato amicorum officio noctu in urbem, noctu in Palatium, ita ut praeceptum erat, venit; exceptusque brevi osculo et nullo sermone turbae servientium inmixtus est. Ceterum uti militare nomen, grave inter otiosos, aliis virtutibus temperaret, tranquillitatem atque otium penitus hausit, cultu modicus, sermone facilis, uno aut altero amicorum comitatus, adeo uti plerique, quibus magnos viros per ambitionem aestimare mos est, viso aspectoque Agricola quaererent famam, pauci interpretarentur.

kalendas Septembres Collega Priscoque consulibus. Quod si habitum quoque eius posteri noscere velint, decentior quam sublimior fuit ; nihil metus in v ultu, gratia oris supererat ; bonum virum facile crederes, magnum libenter. Et ipse quidem, quamquam medio in spatio integrae aetatis ereptus,

quantum ad gloriam, longissimum aevum peregit; quippe et vera bona , quae in virtutibus sita sunt , impleverat et consulari ac triumphalibus ornamentis praedito quid aliud 10 adstruere fortuna poterat? Opibus nimiis non gaudebat: speciosae contigerant. Filia atque uxore superstitibus pot- est videri etiam beatus incolumi dignitate, florente fama, salvis affinitatibus et amicitiis futura effugisse. nam sicuti

durare in hanc beatissimi saeculi lucem ac principem Traianum videre quondam augurio votisque apud nostras aures

ominabatur, ita festinatae mortis grande solatium tulit evasisse postremum illud tempus, quo Domitianus non iam per intervalla ac spiramenta temporum , sed continuo et velut uno ictu rem publicam exhausit. Non vidit Agricola obsessam curiam et clausum armis senatum et eadem strage tot consularium caedes, tot nobilissimarum feminarum exilia et fugas. Una adhuc victoria Garus Metti|;y3 censebatur et

intra Albanam arcem sententia Messalini strepebat et Massa Baebius iam tum reus erat ; mox nostrae duxere Helvidium

in carcerem manus; nos Maurici Rusticique visus, nos innocenti sanguine Senecio perfudit. Nero tamen subtraxit oculos suos iussitque scelera, non spectavit: praecipua sub Domitiano miseriarum pars erat videre et aspici, cum suspiria nostra subscriberentur, cum denotandis tot hominum

palloribus sufficeret saevus ille vultus et rubor, quo se contra pudorem muniebat.

Tu vero felix, Agricola, non vitae tantum claritate sed etiam opportunitate mortis. Ut perhibent, qui interfuerunt novissimis sermonibus tuis, constans et libens fatum excepisti, tamquam pro virili portione innocentiam principi donares. sed mihi filiaeque eius praeter acerbitatem parentis erepti auget maestitiam, quod assidere valetudini, fovere deficientem, satiari vultu complexuque non contigit: excepissemus

certe mandata vocesque, quas penitus animo figeremus. Noster hic dolor, nostrum vulnus, nobis tam longae absentiae condicione ante quadriennium amissus est. Omnia sine dubio , optime parentum , assidente amantissima wxoxe superfuere honori tuo; paucioribus tamen lacrimis comploratus es, et novissima in luce desideravere aliquid oculi tui.

46 Si quis piorum manibus locus, si, ut sapientibus placet, non cum corpore exstinguuntur magnae animae, placide quiescas,

nosque domum tuam ab infirmo desiderio et muliebribus lamentis ad contemplationem virtutum tuarum voces, quas nec lugeri nec plangi fas est. Admiratione te potius, et immortalibus laudibus et, si natura suppeditet, aemulatu decoremus: is verus honos, ea coniunctissimi cuiusque pietas. Id filiae quoque uxorique praeceperim, sic patris, sic mariti memoriam venerari, ut omnia facta dictaque eius secum revolvant, formamque ac figuram animi magis quam

    corporis complectantur , non quia intercedendum putem imaginibus, quae marmore aut aere finguntur, sed, ut vultus hominum , ita simulacra vultus imbecilla ac mortalia sunt, forma mentis aeterna, quam tenere et exprimere non per alienam materiam et artem, sed tuis ipse moribus possis. Quidquid ex Agricola amavimus, quidquid mirati sumus, manet mansurumque est in animis hominum, in aeternitate temporum fama rerum ; nam multos veterum velut inglorios

    et ignobiles oblivio obruit: Agricola posteritati narratus et traditus superstes erit.

Printed in Germany
by Amazon Distribution
GmbH, Leipzig